养成高效学习法

斯塔熊文化 著

化学工业出版社
·北京·

图书在版编目（CIP）数据

养成高效学习法 / 斯塔熊文化著 .—北京：化学工业出版社，2023.11

（写给孩子的自我管理小妙招）

ISBN 978-7-122-44012-9

Ⅰ. ①养… Ⅱ. ①斯… Ⅲ. ①学习方法 - 青少年读物 Ⅳ. ① G791-49

中国国家版本馆 CIP 数据核字（2023）第 153131 号

责任编辑：龙　婧　　　　装帧设计：史利平
责任校对：李雨晴

出版发行：化学工业出版社
（北京市东城区青年湖南街 13 号　邮政编码　100011）
印　　装：北京新华印刷有限公司
880mm×1230mm　1/32　印张 4½
2024 年 3 月北京第 1 版第 1 次印刷

购书咨询：010-64518888　　　　售后服务：010-64518899
网　　址：http://www.cip.com.cn
凡购买本书，如有缺损质量问题，本社销售中心负责调换。

定　　价：39.80 元

写给小读者的话

亲爱的小读者，很开心与你见面。我们来看一组漫画吧！看看这一幕幕是不是经常在你的学习和生活中上演呢？

我猜，你此刻正发出这样的疑问：“我该如何改变这种状态呢？”

现在，机会来啦！摆在你面前的这套书，可以帮你——

1. 轻松学会时间管理，做时间的小主人；
2. 克制欲望，懂得珍惜，学会正确用钱，树立正确的金钱观；
3. 学会充满技巧和乐趣的学习方法，能够享受学习，并且学有所得；
4. 破解整理收纳难题，并把这种思维运用到学习和生活的其他方面。

说到这里，你是不是心动啦？

让我们来做一个约定吧——从读完这本书的那一瞬间开始改变自己！你会惊喜地发现：只要行动起来，就能迈出改变人生的第一步。

相信不久后的你，一定能够管理好自己的生活，掌控自己的人生！

目录

父母要考虑的事 /1

孩子要懂得的事 /35

行动起来吧！ /57

1

父母要考虑的事

想让孩子爱上学习，
父母要负起相应的责任。

让孩子爱上学习

学习需要兴趣和热情

你喜欢学习吗？如果你的答案是肯定的，那一定要给你点个赞！在当今社会，学习并不是人唯一的出路，但会学习、学习好的孩子，未来选择的机会将会更多。

每个父母都希望孩子的学习成绩出类拔萃，但是一次次的苦心教育，换来的是不理想的成绩时，有些父母就开始产生放弃的念头。他们会这样说服自己：“我的孩子不适合读书，只要快乐成长就好。”

如果父母放弃履行教育职责，孩子又怎么可能在学习上努力呢？

学习之路漫长而曲折，只有培养出孩子的内在学习动力，让他爱上学习，才能让他在未来的学习之路上不断成长进步。

对于不肯学习的孩子，如果进行“打骂教育”，孩子不但不能好好学，反而会对学习感到厌恶。

作为父母，一定要明白一个道理：孩子没有学习方向和动力，是因为缺少对学习的兴趣和热情。

平等交流

父母用命令的方式和孩子进行交流，一定不会达到良好的效果。只有从思想上做出转变，与孩子平等相处、平等交流，并且用自己的实际行动引导孩子，孩子才会自觉拿起书本，亲身感受学习的乐趣。

不要“恐吓”孩子

有些父母走进了误区，总是苦口婆心地这样教育孩子：

“我们努力地工作挣钱，都是为了你，你不好好学习，对得起我们吗？

“你现在不好好学习，将来怎么出人头地？

“你现在不好好学习，以后考不上大学，只能去工地搬砖。

“我只把你养到 18 岁，将来你没有能力，看你怎么谋生。”

……

这些看起来很有道理的道理，其实离孩子的生活很远，他们很难有什么体会。最终，父母的辛苦付出和希望，只会变成孩子的压力。

因此，不要用苦难来“恐吓”孩子，因为在生活水平普遍较高的社会环境中，他们对苦难是没有感觉的。而且，如果把自己的梦想强加给孩子，只会让他们觉得学习不是为了自己。如此一来，他们对学习就更加提不起兴趣。

让孩子爱上学习

被逼着学习的孩子，成绩往往并不好，而且会越来越厌恶学习；而爱上学习的孩子，却完全不一样。

那么，怎样才能让孩子爱上学习呢？

“兴趣是最好的老师。”相信很多父母一定听过大科学家爱因斯坦这句话。对于自己感兴趣的事，成人往往会表现得很积极，也会投入更多的时间和精力，并且乐此不疲。同样，孩子对于感兴趣的事情，也会集中精力去研究、去思考。因此，只有使孩子对学习产生兴趣，他才会心甘情愿地学习。

水的表面张力使杯子和纸完全闭合起来了。此时，杯里的水对纸片的压力小于纸杯外的大气压力，因此，大气压力就帮纸片托住了水。

为了培养和保护孩子的学习兴趣，父母不要吝啬赞扬和欣赏，要抓住孩子每一个值得表扬的机会。

例如，孩子主动拿起课外书阅读时，父母就可以利用这个机会对孩子说："你真棒，知道自觉学习了。"孩子从父母的鼓励和表扬中找到了快乐，就会逐渐爱上学习。

好奇心是孩子学习兴趣的源泉。父母要创设满足孩子好奇心的环境，鼓励和支持孩子的"非常规想法"，以此来激发孩子的好奇心，提高孩子的探索能力，促进智力的发展。

懂得奖励

孩子爱学习、能主动学习，是所有父母都渴望的。

大声吼并不能解决问题，指责也总是会失去效果，而谈未来又似乎太遥远，所以不妨给孩子来一些实际的奖励。

比如，让孩子背诵几首古诗，只要一上午能背下来，中午就奖励一道孩子爱吃的菜。如果能在课堂上正确背诵，再加倍奖励。

在美食奖励的诱惑下，而且为了证明自己，孩子总是会努力去记忆。大多数情况下，只要多诵读几遍，就可以把古诗背诵下来。

把美食端到餐桌上时，父母可以问问孩子：“通过自己的努力得到奖励，是什么感受？是不是很有成就感？你喜欢这种感觉吗？”

孩子享受美食时，体会到的是一种成就感。他在尝到成就感的甜头后，就有了坚持不懈的动力。

一次小进步让孩子找到了努力学习的感觉，他也就踏上了进步之路。最后，小进步会变成大进步，小成长会变成大转变。

在孩子成长的过程中，父母发现孩子进步时要及时表扬并给予奖励，以激发孩子的自信心。

慢慢地，孩子做作业不拖拉了，会提前预习功课了，上课时也敢举手发言了，考试时丢的分数也少了……

当父母发现孩子的这些转变后，就可以和孩子一起制订小目标了！

学习之路正式开始。

相信榜样的力量

家庭是最好的学校

家庭是整个社会最小的组织，也是人成长过程中最好的避风港。

每个人一出生都有自己的家庭，什么样的家庭氛围，就会培养出什么样的孩子。比如，古代受到人们尊重的书香门第，都是经过一代代教育传承才形成的。

教育孩子不是老师一个人的事，孩子的成长也不是孩子一个人的事。在孩子的教育问题上，父母一定要做个好榜样。

父母是孩子最好的老师

很多父母都希望把孩子送到最好的学校去学习，为他创造最好的教育环境。其实，他们忽略了一个问题：自己才是孩子最好的老师。

孩子刚出生时都是一张白纸。父母的言传身教、一举一动都影响着孩子的成长。

父母是孩子一生中的第一任老师，也是唯一的终身导师。从衣、食、住、行等方面的习惯，到树立人生观、价值观，每个人的身上都能找到自己父母的影子。

俗话说："龙生龙、凤生凤，老鼠的儿子会打洞。"确实是有道理的。

天下的父母都有“望子成龙、望女成凤”之心，都期望给孩子最好的物质保障，给孩子最好的教育环境……其实父母首先要做到的是在孩子成长道路上给予正确引导，做合理示范。

比如，父母每天都会打开手机玩游戏，却要求孩子安静地坐着读书学习，这样的教导恐怕很难达到目的。

如果说孩子的成长像一场登山运动，那么父母所起到的作用就是在孩子出发、行走、攀登等各个环节做好方向把控。

坚持自我提升

俗话说：“活到老，学到老。”父母想让孩子好好学习，就一定要以身作则，坚持自我学习、自我提升。

自从有了孩子，父母就在不断学习，比如照顾孩子的生活、辅导孩子的作业……如果父母不学习新知识，就难以应对不断变化的世界和不断成长的孩子。

如果在教育孩子时只能做到“言传”，却做不到“身教”，又怎么能让孩子信服呢？

孩子遇到实际问题时，可能就会提出疑问：“为什么爸爸、妈妈说的话，自己却做不到呢？”甚至可能会当面顶撞：“就知道要求我，你自己做到了吗？”

所以，父母必须注重学习，提升自己。

从另一个方面来说，世界上的知识每天都在更新，想要保持最佳工作状态，提高业务能力，也要不断学习。

多逛书店和图书馆

想让孩子爱上学习，有两个地方应该多去，那就是书店和图书馆，孩子漫游其中，就像在书海中遨游。

看着这些内容广博的图书，看着那些如饥似渴读书的人，孩子会不知不觉被感染，从而激发阅读兴趣。

当孩子随意拿起几本书翻阅，就会发现从书中可以获得很多知识，并且领悟到学海无边、学无止境的道理。看书、买书，可以让孩子从中获得快乐，调动学习的积极性。

另外，父母还可以结合孩子的兴趣爱好，订阅一些期刊，或者定期在网上浏览最新知识，与孩子进行交流。这样，父母在更新知识的同时，本身的学习行为也会对孩子起到正面影响。

阅读报纸和杂志也是一种学习的途径，父母要给予孩子适当的支持。父母与孩子在共同阅读的过程中，孩子提升了学习兴趣，亲子之间的关系也会变得更加融洽。

营造浓厚的学习氛围

做读书型的父母

想让孩子爱上学习，父母首先应该热爱学习，做一个爱读书的人，成为读书型的父母。如果父母都不能在书桌前手捧书卷看半个小时，又怎么要求孩子每天从早到晚坚持学习呢？

孩子经常看到父母读书，就会不自觉地跟着翻书看。等到养成了习惯，就能找到读书的乐趣。

设定“家庭学习时间”

随着手机功能的提高，人们联系亲朋好友、工作沟通、购物、看新闻等，都不得不借助手机。

要想在家中营造学习氛围，可以设定一个“家庭学习时间”，强制性地让所有人放下一切娱乐设备，静下心来拿起书阅读。

关于“家庭学习时间”的设定，一定要考虑到所有人的生活规律，最好设定在晚饭后到睡觉前。时间也不要太长，一般半个小时即可。至于频率，最好一个星期两到三次。

虽然每次阅读的时间并不长，但如果坚持下来，一年、两年，甚至更久，就会增加相当多的阅读量。

环境的重要性

环境总是能悄无声息地改变一个人。古人说：“入芝兰之室，久而不闻其香；入鲍鱼之肆，久而不闻其臭。”说的就是环境对人潜移默化的影响。

父母想让孩子喜欢学习，一定要营造一个有利于学习的环境。

比如，孩子做作业时，父母就不要进进出出，或大声打电话，或看电视、玩游戏，以免对孩子产生干扰。

父母要给孩子提供舒适、固定的学习场所。每天在这样的学习场所学习，孩子会形成一种惯性。只要一坐到那个地方，自然而然就会全神贯注。在心理学上，这种现象被称作“地点动力定型”。

另外，孩子的书桌上只能放书本等学习用品，不可摆放玩具、零食等容易让他分神的东西。

为了培养出好学的孩子，父母应该竭尽所能地为他们创造浓厚的学习氛围，在良好氛围的熏陶下，孩子一定会爱上学习，并学有所成。

体会分享知识的快乐

在每一天的工作、学习中，人们都会获取很多信息，其中一些非常有趣的知识可以在家庭内部进行分享。

当父母把一些新知识告诉孩子时，就会激发孩子去思考。

比如，父母告诉孩子："每个农历月的十五，月亮都是圆的。"孩子就会感到好奇，继而去思考：为什么会这样呢？是什么在控制月亮运动呢？接着，他就会去翻书找答案，从而获得知识，感受到探索的快乐。

当孩子感受到分享知识的快乐后，也会主动把自己学到的新知识分享给父母。如果正好是父母不懂的知识，孩子就会像老师一样仔细解释，并从中感受到让自己满足的成就感。

分数不是唯一的标准

害怕考试的孩子

每当考试成绩公布时，许多父母就把注意力放在孩子的考试分数上。考了高分的孩子会受到表扬，而没有考好的孩子就会受到严厉批评，甚至受到惩罚。因此，每次考试结束，孩子都提心吊胆，寝食难安。

对于这些父母来说，孩子的考试分数好像就代表了一切。孩子得了高分，他们便认为孩子在认真学习；倘若孩子考试分数较低，他们便板着面孔，对孩子进行训斥。

盲目追求分数不是素质教育

近年来，应试教育影响甚广，学校希望靠宣传高升学率来提高知名度，老师希望通过提高升学率来获得认可，而父母也希望自己的孩子考入更好的学校。而这一切的前提，都是考一个好的分数。

在此背景下，孩子承受的压力越来越大，写不完的作业占据了他们的休息时间。

听话的孩子变成了考试机器，做题狂人；不听话的孩子则开始反抗，破罐破摔。显然，这些做法已经违背了素质教育的初衷。

分数只是一种反馈

考试和分数，原本是学校正常的教学形式，其本质是一种教学评价方式。

通过考试，老师能了解学生对知识的掌握情况，从而调整教学方案。可以说，分数只是测评孩子学习情况的一个参考数值，分数的高低并不能评判孩子的好坏。

举个例子来说，数学考试得了 80 分，如果总分是 100 分，这个成绩显然不是很好。但在看分数时，我们还应该看一看试卷的难度，如果试卷的题目很难，或者题目有歧义，导致出错，也是很正常的情况。

成绩有波动是正常现象

孩子的学习成绩在一定范围内出现波动，是很正常的事，父母不要为此盲目进行责备。孩子如果被否定，自信心会受到打击，很容易失去学习兴趣。

只看重分数的后果

如果父母过于看重孩子的分数，必然会带来一些不利的影响和后果。

首先，太看重分数，会让孩子对考试感到害怕或厌倦，甚至一到考试就精神紧张，身体不适。长此以往，会造成孩子心理上的压抑和恐惧，不利于健康成长。

其次，太看重分数，认为低分就是低能，会严重挫伤孩子的自尊心。如果无法及时疏导，可能会使孩子自暴自弃，造成厌学的心理。

最后，太看重分数，容易激发孩子的叛逆心理，导致与父母对立，影响双方的感情。

做人应该全面发展

美国教育家斯宾塞曾经说过：“身为父母，千万不能太看重孩子的考试分数，而应该注重孩子的思维能力、学习方法的培养，尽量留住孩子最宝贵的兴趣与好奇心。绝对不能用考试分数去判断一个孩子的优劣，更不能让孩子有以此为荣辱的意识。”

学习的目的不是考试，分数不是评判学生的唯一标准，只有全面发展才能立足于竞争激烈的社会。如果一个人每次考试都得高分，但心理脆弱，不善于与人交流，做事畏首畏尾，拿了高分又有何用？

当然，不以分数为标准，并不是说不重视分数，而是要培养出实践能力、学习能力、审美能力、人际交往能力等都比较优秀的人才，这才是孩子正确的发展方向。

给孩子自觉学习的机会

孩子的自觉性往往不够

小学阶段的孩子，自觉性往往不够，他们喜欢看动画片、漫画书，但不爱学习。就算他们被束缚在学习桌前，也总是心不在焉。

在这样的情况下，很多父母开始陪着孩子学习：坐在他们身边，死死地盯着他们做作业。这样做也许有效果，但只要父母稍稍放松，孩子就立马走神，令父母心力交瘁。

不要过度唠叨、催促

当孩子学习不专注时，很多父母发现后，就会立刻开始唠叨、催促，可是让他们难以理解的是，这样做的效果不尽如人意。很多时候，孩子就像给自己加上了一道无形的屏蔽门，仿佛听不到父母的话一样。

想让孩子达成学习目标，唠叨、催促是行不通的，反而会让孩子的自主学习能力被消磨殆尽。他们觉得自己好像是在完成父母的任务，而不是在做自己的事情。渐渐地，他们就会变得拖沓、懒散。

所以，父母一定要减少唠叨、催促，对孩子有什么要求时，只要说一遍就好，不要重复讲。一定要让孩子明白，学习是他自己的事，需要自己去安排。

父母不要大包大揽

学习是孩子自己的任务，这个主动权应该掌握在他自己手里。不过，有很多父母并不能理解这个道理，为了孩子能够取得好成绩，他们竭尽所能地提供最好的后勤保障工作。

比如，有的父母每天都要了解孩子各个学科的学习内容、进度，监督孩子完成作业。有时候，连孩子都没有记住的作业，他们都能及时提醒。他们并没有觉得这样做有什么问题，反而觉得自己妥善安排了孩子的一切，孩子只需要按部就班地完成就可以。

因此，每天放学回家后，孩子就机械地按照要求做事，直到睡觉才能停止……

这样的孩子，就像提线木偶一样被父母控制，哪还有学习的自觉性可言？孩子做“提线木偶”的时间一长，就会彻底失去自我。

在生活和学习方面，如果父母管得太多，孩子就没有自我管理的机会，各方面都得不到锻炼，更别提主动性了。

孩子是一个独立的人，他要成长，要管理自己的学习和生活，将来也要独自走上社会。如果父母为孩子包办一切，孩子缺乏各种锻炼，这只会让孩子的依赖性越来越强，这与教育孩子的初衷是相悖的。

父母该做的是立好基本规矩，引导和鼓励孩子自己主动学习，让孩子明白自己应该做什么，不应该做什么。

适当放手更有利于孩子成长

有的父母平常总是习惯性地帮孩子整理衣柜，把当季要穿的衣服放在最上面，把他们洗澡后要换的衣服拿出来摆在床上。连换下来的衣服，也是父母亲自放进洗衣机。

没想到，等孩子大一些以后，他需要自己做这些事，却总是做不好。比如，洗完澡后，才发现要换的衣服没准备好；天气冷了，却不知道添加衣服，走出门被冻得瑟瑟发抖……

父母大包大揽，导致孩子缺乏基本的生活能力，也使孩子养成了不愿动脑思考的惰性。

所以，父母应该做的，就是引导孩子去走自己的路，让他自己成长。

协助制订学习计划

想提高孩子的自觉性，可以协助他制订学习计划。

每天放学回家后，哪个时间段做作业，哪个时间段吃饭，哪个时间段预习新知识，都要有合理的安排。学习时段最好也要细化，比如每学习 30 分钟，就要安排 10 分钟的休息时间。否则，孩子的精神一旦疲劳，做起事来只会事倍功半。

制订学习计划的过程中，还要参照学校的学习进度，这样才有利于孩子将自学和老师的讲解结合起来。另外，学习目标也不要太难，应先把课本上的知识完全弄明白，夯实基础，再做拔高题，突破难点。

制订好计划以后，父母只需要每天监督孩子有没有按照计划要求自己即可。时间一长，孩子就会每天把自己的事安排得妥妥当当。

游戏时刻

制订一个读书计划

需要物品

一些纸条

一支笔

一本新书

游戏过程

先计划好需要多长时间读完这本书，比如 7 天，就将整本书的内容分成大概相等的 7 个部分。

然后，在 7 张小纸条上分别写上计划读书的 7 个日期，并将它们贴在相应的页码上。

最后，提醒自己在对应日期内一定要完成计划的阅读量。

游戏意义

培养学习的自觉性，提高制订计划和执行计划的能力。

2

孩子要懂得的事

学习是一件充满乐趣的事，
当你找到了这种乐趣，
就会乐此不疲。

学习其实很有趣

为什么他们喜欢学习？

如果你注意观察就会发现，身边的同学中，有的人很喜欢学习。他们每天总是认真听课，仔细做题，还时不时和同学讨论问题。

他们为什么这么喜欢学习呢？这是因为他们在学习中找到了乐趣。

解决问题能获得成就感

站在山顶看风景能获得乐趣，一群人争抢一个篮球能获得乐趣，学习当然也是有乐趣的。

比如，当你做作业时遇到了问题，自己无法解决，可以翻开课本认真读一读，从书中寻找答案。最终，你完全靠自己解决了问题，获得了成就感。当你茅塞顿开时，是不是感受到了学习的乐趣？

再如，你遇到了一道难题，从课本上也无法获得提示。于是，你努力思考，认真计算，最终算出了答案。在解决难题的过程中，你的大脑得到了锻炼，收获了新的解题思路、技巧，这不就是学习的乐趣吗？

获得新知的乐趣

高尔基曾说：“书籍是人类进步的阶梯。”你能理解这句话的意思吗？

书籍是全人类经验、知识和智慧的结晶。从古至今的书籍，凝聚了人类全部的精神财富。

通过读书，你的素养得到了提升，气质得到了培养，品格得到了塑造，人也变得越来越自信，这不就是获得新知的乐趣吗？

学习会让人自信

《牛津经济论文》杂志上曾经发表过一项研究结果：更爱学习的人往往会增加他们的好感度和影响力，这有利于建立积极的人际关系，巩固更多的知识。

确实是这样，仔细观察你身边的人，喜欢学习的人，往往比其他人更加出众，头脑更灵活，能为各种事情出谋划策，并因此得到大家的欣赏。他在这个过程中找到了自信，并因此感到快乐。

总之，只要你用心去发现、去感受，就会明白学习并不是一件枯燥、乏味的事，而是乐趣满满。

要拥有自信

自信心很重要

爱尔兰著名的剧作家萧伯纳曾经说过：“有信心的人，可以化渺小为伟大，化平庸为神奇。”

的确，自信心是做好一切事情的力量源泉。

拥有自信心，就拥有了战胜困难和接受挑战的勇气，进而产生强大的内驱力，获得更多的知识和历练的机会，在成长的路上大有裨益。

不要隐藏自己

想要提高自信心，首先就要从人群中站出来。有的人平时总是喜欢把自己隐藏起来，躲在角落里不言不语。他们不愿和别人交流，也不想让别人关注到自己，这其实就是极度不自信的表现。

从现在开始改变自己吧！

当老师提问时，主动举手回答问题；当同学遇到困难时，主动提供帮助；当班级举行活动时，积极报名参加……慢慢地，你就会发现，站在所有人面前，其实并不是什么可怕的事。

一点一滴慢慢改变自己，你就会变得越来越自信。

多进行积极的心理暗示

没有自信心的人，每天都会在内心否定自己。不管做什么，首先想到的都是“我不行”。在这样消极心理的暗示下，自信心会受到压制，心理压力大，做起事来缩手缩脚，结果就真的什么都做不成。

如果你想变得自信，就要经常在内心肯定自己，对自己说：“我在努力，我比昨天又进步了，我会越来越棒的！”

自我暗示拥有神奇的作用。只要你每天坚持下去，就会发现自己真的越来越自信。

不要拿自己的短处和别人的长处比

很多人在学习上容易犯一个毛病，那就是拿自己的短处去和别人的长处进行比较，总是觉得自己不如别人，结果越比越泄气，打击了自己的自信心。

在这个世界上，根本就没有完美的人，我们每个人都有自己的短处和长处。如果你只看到自己的短处和别人的长处，岂不是自寻烦恼？

如果你转变视角，看一看自己的长处，再看一看别人的短处，你就会发现，原来自己身上也是有闪光点的。

保持平常心

每次考试不尽如人意，你会不会感到很失落？甚至开始怀疑自己的智商。为什么别人都会做的题，自己就是不会呢？

其实，考试没有考好时，没必要过于纠结，应该保持平常心，把难受、自卑的时间用来分析考试失利的原因。

只要你能用心分析每一道错题，找出错误的原因，总结经验，并举一反三，就能彻底掌握这个知识点。

正确的自我评价

人的一生中，必须找到自己的定位，认识自己的性格和能力，并勇于接受，继而想办法进步，这样才能不断突破自己获得进步。

“人贵有自知之明”，这个“贵”字，既指获得较为客观的自我评价是非常珍贵的，也指正确的自我评价对一个人的重要性。

有目标的人更会学习

学习不能“与世无争”

古人说：“凡事预则立，不预则废。”学习也需要有一定的计划，明确自己的学习目标，才能引导学习的方向，从而在学习与成功的道路上少走弯路。

有一部分人在学习上受了挫折，或者不明白自己当前的主要任务，对学习没有计划性，没有学习目标，完全凭个人喜好，很容易造成学习效率低下，影响学习的系统性和完整性。而按照既定的目标学习，会使我们的定位更加准确，方向更加明确，学习的动力也更强。

学习目标要符合自身情况

合理的学习目标，是学习的导向和指南。在制订学习目标时，一定要考虑到自己当前的学习基础，充分考虑各个学科的优势和弱势。比如，你的数学成绩较好，而语文成绩较差，就应该把重点放在语文科目上。

要注意的是，制订学习目标不能求胜心切，眉毛胡子一把抓，这样实际操作起来往往事与愿违。每个人的精力和时间都是有限的，当你在一个学科上花的时间过多，其他学科上花的时间就会变少，必然不能均衡发展。更何况，如果目标定得过高，过于激进，拼搏一段时间后看不到效果，则会极大地打击学习的积极性。

你定下的学习目标，一定要是目前还没有达到的，有一定挑战性的。如果把目标比作树上的桃子，你要摘的就是需要用力一跳才能用手碰到的那个。

学习目标要清晰

说到制订学习目标，很多人会随口一说："我的学习目标就是好好学习。"

这是学习目标吗？不是。科学合理的目标，可以指导具体行动，具有操作性，而模糊的目标往往没有可操作性，达成与否也难以界定。

比如盖房子，建筑工人的目标是"把房子盖好"和"一个星期盖一层楼"，哪个目标更清晰呢？显然，"一个星期盖一层楼"这个目标更加清晰，一个星期后，一眼就能看出来目标是否实现。

那么，你在制订目标的时候，可以具体到每一个学科，比如下次数学考试在口算上不能出错，下次语文默写古诗必须全对，一个星期要背下 10 个英语单词……这样的目标都是清晰具体且可以实现的。

学会灵活调整学习目标

学习目标一旦制订了，就要为之努力奋斗。就像爬山一样，瞄准山顶，一直不停地向上攀爬，直到登顶为止。

有时候，遇到一些突发情况，导致你的目标不能实现，这就需要灵活变通——对目标做出修改。如此才是明智之举。

比如，你已经定下目标，这个星期要背下一篇课文。但是由于这几天老师讲的新知识比较难，布置的作业也多，导致没有充足的时间背书，背下这篇课文的目标已经不可能完成。

针对这种情况，你就要学会灵活地调整目标，比如把背下整篇课文改为背下两个自然段，这样是不是就可以慢慢达到目标呢？

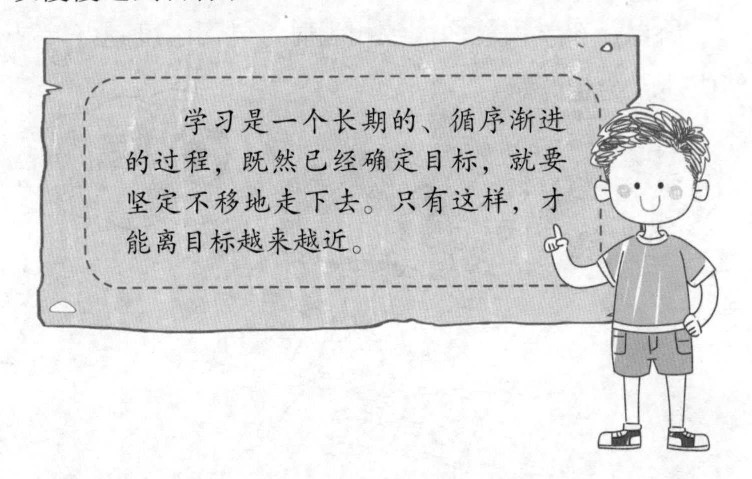

态度决定学习成绩

学习需要端正态度

决定学习成绩的除了智商外，还有一个很重要的因素——学习态度。

美国心理学家迈尔曾提出一个工作成绩公式：

工作成绩 = 动机（态度）× 能力。

我们将其演变就可以得到：

学习成绩 = 学习态度 × 学习能力。

所以，在学习能力大致相当时，学习态度越好，显然成绩就会越好。

明白学习的意义

每天早上，你都要背着沉甸甸的书包去上学，确实很辛苦。不过，你想过自己为什么要上学吗？

有的人认为是为了父母，有的人认为是为了考试，还有的人认为是为了获得老师表扬……这些想法都是错误的。上学不是为了让父母高兴，也不是为了考个好成绩，更不是为了老师。上学是为了自己，将来你要走什么样的路，过什么样的生活，都取决于你今天有没有认真学习。

只有认真学习，你才能掌握更多的知识，有更广阔的眼界，将来才能拥有更多选择的权利。

虚心好问

在学习中，如果遇到自己不懂的地方，通过自己的努力也无法解决，这个时候就一定要向老师、同学或父母请教。否则，遇到问题就放任搁置，日积月累，疑问会越积越多，又怎么能提高学习成绩呢？

孔子说过：“三人行，必有我师焉。”也就是说，人人都有值得学习的地方。在生活和学习中，虚心好问可以让你发现更多的问题，接触更多的知识，不断提高自己。

珍惜时间，追求效率

时间对我们每个人都是公平的，但是它会给珍惜它的人甘甜的蜜，给浪费它的人苦涩的水。

时间就是生命。只有懂得珍惜时间的人，才能提高自己的学习效率，让自己变得更加优秀。

每个学生一天都只有 24 小时，一个星期也只有 7 天，但在利用这些时间上却表现得迥然不同。

顽强有毅力

学习是一件艰苦的事，需要持久努力。在学习过程中，必须有顽强的毅力，如果“三天打鱼，两天晒网”，就不会获得理想的效果。

毅力，就是战胜困难的意志，它常常和困难相伴而产生。如果你没有顽强的毅力，学习中一遇到困难就打退堂鼓，那么你的学习任务将永远也完不成。

事实上，任何一个人，如果没有顽强的毅力，做什么事都不可能成功，最后只会一生碌碌无为。

要想培养顽强的毅力，就需要在遇到困难时尽量自己解决，要勇敢地说：“我能行！”把困难视作走向成功的垫脚石，有了这样的态度，难题最终都能轻松得到解决。

游戏时刻

谁的问题多？

需要物品

两本语文书

两支笔

两张白纸

游戏过程

找一个同学，两个人分别翻到老师还没有讲过的同一课，默读课文。

读完课文后，把各自想到的问题用笔写在白纸上，再比一比谁提的问题多。

最后把两个人的问题整合在一起，记录到课文中。

游戏意义

训练自主预习和发现问题的能力，养成动手、动脑的好习惯。

3

行动起来吧！

学习需要有热情，

但也需要掌握正确的方法。

制订一个高效学习计划

你的学习计划有缺陷吗？

刚开学时，很多人都会兴致勃勃地为自己制订一个学习计划，并认真地照计划执行。可是过不了多久，计划就会被搁浅在现实的沙滩上。

这是为什么呢？一个原因是自己的执行力和自控力不够，另一个原因则是计划本身存在缺陷。

学习计划要符合实际

制订学习计划确实有利于提高学习效率，但有一个前提，那就是这个学习计划一定要适合自己，切实可行。

什么样的计划才切实可行？就是指立足于自己的学习基础，可以真正做到的，而且对自己的学习有帮助的计划。

比如，你的数学基础本来就很好，制订的学习计划却是每天只做几道简单的习题，这样的计划即使每天坚持完成，对于学习能力的提高也不会起到什么作用。

或者你的数学基础不好，却买了一套拔高题，计划每天做一套试卷，结果一晚上也做不出几道题。这样的计划符合实际吗？

所以，制订计划一定要切实可行，这样才能对学习有所帮助。

父母要注意

孩子对自己的学习情况更有发言权，因此在制订学习计划的时候，要以孩子为主导。只有尊重孩子的意愿，适合孩子的情况，孩子才更愿意遵从学习计划，从而不断提升学习能力。

留一点自由时间

学习不是一蹴而就的事，它更像是一场马拉松比赛，需要长期坚持不懈的努力。

虽然说用于学习的时间多一些，可以把知识掌握得更牢固，但是人不是机器，如果精神时刻紧绷，过度学习，就会导致身心俱疲，不会取得好的效果。

制订学习计划时，一定不能把时间安排得过满，要给自己留一点自由时间。因为适当的放松才可以让人保持良好的学习状态。

利用自由时间，你可以做一做运动，或者听听歌，远眺一下，让大脑放空，使精神松懈下来。只有学会张弛有度地学习，才能获得更好的学习效果。

短期计划和长期计划相结合

我们在制订学习计划时，要将学习计划分为短期计划和长期计划。

什么是短期计划呢？短期计划就是短时间内可以完成的计划，达成的目标。而长期计划，则是需要在一段较长的时间内，才可以实现的计划。

我们在实现短期计划的过程中，不仅收获了知识，还拥有了自信心，这样就可以轻而易举地实现长期计划。

用好零碎时间

大量零碎时间被浪费

几乎每一天，你都会在起床、上学、上课、吃饭、做作业、睡觉中度过。你的时间被这一件件的事情切割成许多个片段。在这些片段中间，还有一些微不足道的零碎时间，可能你从来也没有注意过，它们就这样从你身边偷偷溜走了。

如果你能把这些零碎的时间有效地利用起来，是不是就比别人多出很多学习时间呢？

时间是挤出来的

经常听到有人说：“谁不想好好学习呀？可是时间不够用。”的确，随着学习任务的增多，我们能够自由支配的时间变得越来越少。

其实，时间有很大的伸缩性。正如鲁迅先生所说：“时间就像是海绵里的水，只要去挤，总还是有的。”

著名学者董遇自创了“三余读书法”。哪“三余”呢？他说：“冬者岁之余，夜者日之余，雨者晴之余。”意思是说，冬天没有农活可忙了，是一年之中的空余时间；夜里天黑不能出去干活，是一天之中的空余时间；下雨天不能下地干活，也是可以利用的空余时间。他就是充分利用这三种空余时间读书，终成一代大儒。

宋代大文学家欧阳修也在《归田录》中说："余平生所作文章，多在三上，乃马上、枕上、厕上也。"在马上、枕上、厕上的时间都是很零碎的时间，欧阳修充分利用这些时间，用来读书或思考。

其实，如果你注意观察就会发现，你的身边也有很多人善于利用零碎时间。比如，课间 10 分钟，当你还在和同学聊天时，有人已经把下节课要用的课本、练习册准备好；坐公交车时，有人在脑海里构思了一篇作文……

睡前几分钟、吃饭前后、洗漱时、等车、坐车、闭目养神、课间等，这些都是零碎的时间，如果你能充分利用这些时间，累积下来，就比别人多了很多学习时间。在零碎时间里学习的东西，单独看并不起眼，但是时间久了，就能看到明显的学习效果。

零碎的时间可以用来思考

有人说："这些零碎的时间太短了，根本做不成什么事。"

其实，很多事情都可以分为两个部分：思考和执行。执行一件事情可能需要很长时间，还必须要连续操作，但是思考这件事却可以断断续续，并不一定要找一个专门的时间段。

举个例子，老师布置的作业是写一篇作文。写作文当然需要一个安静的场所，而且最好有足够的时间，能一口气写完，但是构思作文却不用专门的时间，你可以利用坐车时、上厕所时、睡觉前的时间在脑海中构思它的大纲、情节，然后等真正坐下来写作时，就可以节约思考的时间。

主动把任务碎片化

要想利用这些零碎时间，还有一个办法，那就是主动将自己的学习任务碎片化。

无论是你要背的单词表，还是要完成一本书的阅读，都是一个大的任务。如果你把这个大任务变成一个个小任务，分别放到零碎的时间里，就可以达到充分利用的目的。比如，在等车时、洗脚时，你可以背诵三个单词，或者看半页书，慢慢积累下来，不就可以完成背完单词表和读完一本书的大任务了？

认真想想，你的生活中还有哪些零碎的时间呢？有没有办法将它们利用起来呢？只要安排得当，这些零散的时间就是一笔巨大的财富，可以让你学习到需要的，甚至急需的知识，从而在学习的道路上走得比别人更快。

尽兴玩，尽心学

学霸只知道学习吗？

很多人说起学霸，印象中他们都是戴着厚厚的眼镜片，只知道埋头看书、做题，每天除了学习就是学习，没有任何业余生活。但实际上，很多学霸兴趣广泛，热爱运动，精通书法、围棋、乐器……

是不是很不可思议？

他们用这么多时间去休闲，怎么还能把学习成绩提高上去呢？

玩耍不仅能让孩子在紧张的学习之余得到适当的放松，还对孩子的大脑开发有很多益处，真是两全其美。

玩的时候痛快玩，学的时候认真学

其实，不管是学习还是玩耍，都要有足够的专注力，力求讲究效率。一天到晚勤学苦读，并不是最好的学习方法。大脑疲惫时，就需要休息、补充能量。

所以，玩的时候就应该在有限的时间内尽量放松身心，尽情地享受快乐，痛快地玩；学习的时候就要收回心思，全身心地投入，认真学习，不受任何外界事物的干扰，在有限的时间内掌握更多知识。

但实际上呢？很多人在应该学习的时候，看起来老老实实地坐在书桌前，心思却飞到了九霄云外。结果，真的被父母允许出去玩时，心里又惦记着没有完成的学习任务，做不到尽情玩耍。

我们要在该学习的时候学习，在该玩耍的时候玩耍，学得认真，玩得痛快。

不要限制孩子的天性

爱玩是孩子的天性，如果父母强硬限制孩子玩耍，就会导致孩子被学习压垮，还会产生厌学情绪。

运动可以让大脑休息放松

由于学习压力大，生活节奏快，你可能时不时就会感到大脑疲劳。

如果长时间不休息，记忆效率会大大降低。这个时候，应该怎么办呢？除了保证充足的睡眠外，运动也是让大脑休息放松的重要方法。

科学研究表明，运动和静下来学习，能分别锻炼人的不同脑区。

所以，从学习转到运动，可以完成兴奋区域的转换，从而达到休息大脑的目的。

澳大利亚曾进行一项对比研究，让一组学生比另一组学生从事更多的体育锻炼。两年后，这些“参加更多体育锻炼”的学生，其数学和阅读成绩，高于没有参加额外体育锻炼的学生，且显得更加多才多艺。

有趣的“时间三明治”

为了调节玩耍和学习，可以采用“时间三明治”的方法。

什么是“时间三明治”呢？就是把学习和玩交叉安排，也就是“玩—学习—玩”的结构。

这个方法主要是针对在家的时间来安排的。学习一天后回到家，你的头脑和身体都处在疲惫的状态，这个时候不能立刻开始学习，而是需要一点缓冲的时间，让自己的头脑和身体得到休息。

所以到家后，你可以给自己安排 10 ～ 30 分钟的休息时间。在这个时间段，可以做自己想做的事情，可以玩耍，也可以看电视，彻底地放松自己。等大脑得到放松以后，再开始学习，这对于提高学习效率更有效果。

培养好习惯，引爆学习力

好习惯带来好成绩

我国著名教育家叶圣陶曾说：“教育是什么，往简单方面说，只需一句话，就是要养成良好的习惯。”也就是说，想要得到好的成绩，一定要在学习上养成好的习惯。一旦你养成了学习的好习惯，就会一直在这个轨道上前进，并且离成功越来越近。

重视预习

你的老师有没有要求过，每天都要预习第二天的学习内容？虽然老师经常说，但很多人却做不到。

提前预习的目的是在老师上课前，先掌握待学习内容的整体框架，找出难点和重点，这样正式上课时，就可以更好地把握学习的侧重点，使学习效率更高。

比如预习语文，就应该先自学生字和词语，熟读课文并概括出课文的主要内容，然后还要了解作家的生平、代表作以及写作背景等信息。当了解这些内容后，你对这篇课文就已经有了初步掌握，等到第二天老师上课时，就能从容不迫。

认真听讲

上课时有没有集中注意力，也是影响学习成绩好坏的关键因素。

不少学生上课时总是心不在焉，喜欢东张西望，和同学说话，老师在讲重要内容时，他却神游天外。像这样上课的学生，学习成绩必然不理想。

真正懂得学习的人，上课时都会全神贯注地听老师讲课，不受外界干扰，无论周围发生任何事都不会影响自己。

上课时，老师还会时不时地提问，这个时候你需要积极发言，回答问题。你是不是会害怕回答错误？其实完全不必担心，因为回答老师的问题，其实就是检验自己学习成果的过程。回答正确，说明你掌握了知识；回答错误，会得到老师的纠正。有时候，老师没有提问，你也可以主动举手提出自己的疑惑，请老师帮忙解决，这也是认真听课的好方法。

当其他同学回答问题时，你也要认真听，因为他们说出来的答案，可能正好解答了你的疑惑。也可能他们的回答虽然是错误的，却给了你一些启发，让你开发出另一种解题思路或者避免犯类似的错误。

按时独立完成作业

想做一个好学生，必须有学习的责任感，每天除了认真预习、听课外，还要按时独立完成作业。

很多人的自制力比较差，没有养成良好的习惯。如做作业总是拖拖拉拉，甚至需要父母督促和指导，才能勉强完成。

你要知道，做作业是对课堂上学习的知识进行检验和巩固的一种方式。你独立完成作业时，不仅能巩固当天所学的知识，还能为新知识的学习打下良好基础。所以，一定要按时独立完成作业，不给自己找任何借口。

重视复习

每天完成作业和预习后，你都要及时复习当天的学习内容，因为大脑中记忆的内容会被慢慢遗忘，尤其是一个内容刚被记住时，被遗忘的速度也是最快的，所以必须及时复习。

每周，你还应该抽一些时间，复习前面几周所学的知识，达到巩固记忆的目的。如果等遗忘了再去复习，就等于重新学习一遍，不仅浪费时间，也浪费精力。

复习还要重视分散复习和集中复习。分散复习就是对同一个知识点的复习分多次进行，复习完后，间隔一定的时间再复习第二次。集中复习就是在一段时间内，要相对集中地复习一种知识。

比如，想要背下一个单元的单词，由于数量太多，就可以把这些单词分成几个部分，每次复习一个部分，这就是分散复习。过了一段时间，再对整个单元的单词进行复习，这就是集中复习。

重视讨论

当你在复习知识的时候，还可以和朋友、同学、老师进行讨论。和死记硬背比起来，讨论的形式更加活泼有趣。

在讨论的过程中，你要开动脑筋，不断思考，这样不仅能对学过的知识进行巩固，还能在思考中获得更多的灵感，拓展学习的空间。

交替学习法

换换脑子很重要

你身边是不是有这样的同学：要么捧着语文书一直不放，要么就一直做一道数学难题。

请你猜测一下，他们能达到理想的学习效果吗？显然是不能的。坚持学习是件好事，但是长时间学习一门学科并不值得提倡。

农民种地时，想要收获更多，就要轮作休耕，让土地休养生息。学习也是一样的道理，如果长时间只学习同一种知识，大脑就容易疲惫，学习效率就会下降。这时，你可以采用交替学习法，达到精力充沛，思路清晰，学习起来驾轻就熟的目的。

交替学习不同科目

知识的海洋广阔无垠，如果仅仅学一门学科，就想要拥有丰富的知识，是不可能的。只有各个学科均衡发展，才能成为知识全面的人。

长时间学习一门学科，必然会导致其他学科的学习时间不足，这与全面发展的初衷相悖。正确的做法是交替学习不同科目，接触不同类型的知识，在大脑疲劳时，转换学习思路，让大脑得到适当放松，这对于开阔学习思路、提升学习效率很有帮助。

比如，数学题做累了，可以看看语文书，读一读课文，欣赏一下古诗。

交替学习同学科内容

交替学习并不局限于在不同学科之间交替，同一学科内，也可以使用交替学习法。

比如，当你在学习语文时，既有古文、古诗，也有现代文，学习了半个小时古文后，就可以改读现代文，瞬间就会感到轻快。

当你背记字词累了时，可以写一篇日记，既锻炼了写作能力，又让大脑得到了休息，效果也是非常突出的。

交替使用不同方法

就算对相同知识的学习，也可以交替使用不同的学习方法。

比如说，有的知识需要理解，有的知识却需要背诵，之后还要靠做题进行巩固。那么，在背诵一段时间后，就可以做一会儿题，对知识进行巩固，随后再穿插学习理解性的知识。当你使用不同的学习方法时，不容易感到枯燥，也就能始终保持良好的学习状态。

解不开的难题可以先放一放

对于一时解不开的难题，你是不是即便花费几个小时也不肯放弃呢？虽然你专注和坚持的精神值得鼓励，但是学习效果却并不理想。这个时候，你就需要转换一下大脑的思维，暂时放一放。

运用联想记忆法

记忆也是有方法的

学习免不了要记忆许多知识，比如古诗词、生字、英语单词等，你平常是怎么记忆的呢？是不是先读几遍，然后再背，背不下来，就再读几遍，直到记下来为止？

这样的记忆方式，一般被称为死记硬背，是最简单的方式，当然也是最困难的方式。其实，记忆也是有方法的，如果你能掌握更多的记忆方法，就能事半功倍。

联想记忆法

在众多记忆方法中，联想记忆法是非常好用的一种。

所谓联想记忆法，就是把要记忆的内容和其他东西联想到一起，或者把两个要记忆的内容联系起来，这样就比死记硬背记得更快、更牢，甚至可以过目不忘。

世界上各种事物之间都是有联系的，各种知识也是有关系的，只要你能找到适当的方式，给它们建立联系，就可以达到快速记忆的目的。

接近联想法

有些事物在时间上或空间上有相接近的地方，我们就可以给它们之间建立联想，从而加强记忆。

比如，看到鱼，就可以联想到鱼要生活在水中，从而联想到池塘、河流，乃至大海，还可以联想到如果河流受到污染，鱼就会死去；提到北极，就会想到寒冷，厚厚的冰层浮在海面，再想到冰上行走的北极熊，或者在海里前进的科考船等。

你在记忆一个知识点时，运用接近联想法，可以把其他相接近的知识点放在一起，这样就能从一个知识点扩展到多个知识点，从而扩展记忆范围。

相似联想法

在学习中，你会发现有的事物和其他事物存在类似的现象，当你想到这一事物时，自然就会联想到另一种事物。

比如，当你学习英语单词时，就会发现有很多单词发音很相似，甚至完全一样，还有的单词虽然不相似，但是意思却差不多，这个时候就可以把它们放到一起记忆。

又比如，郭沫若《天上的街市》一文中，明星与街灯都是在夜晚出现的，而且给人以明亮的感觉；朱自清笔下的“春花”红的像火，粉的像霞，白的像雪，就是因为这些花与火、霞、雪都有相似的地方。

对比联想法

有些事物之间存在明显的对立特点，当看到、听到或回忆起某一事物时，往往会想到与它相对的事物，我们就可以将它们进行对比联想，比较差异，从而增强记忆，这就是对比联想法。

比如，老师讲一些新词的时候，经常会给你展示它的反义词：大方 —— 小气，得意 —— 失意，动荡 —— 安宁，反对 —— 同意……讲课文时，老师也经常将一个人物与另一个人物的形象进行对比，从而让你记忆深刻，这都是运用了对比联想的方法。

制作记忆卡片

小卡片，作用大

你喜欢玩卡片吗？那些花花绿绿的卡片，是不是特别能吸引你的注意力和兴趣？

在学习上，还有一种卡片记忆法：把想要记忆的知识写在小卡片上，然后放在经常能看到的地方，比如书桌上、床头、房门上、镜子上等，每当看到卡片时，只要多看几眼，就会在不经意间记住知识。

记忆卡片也有弊端

记忆卡片可以随身携带，当你有空时，随手掏出来看两眼，就加深了记忆，既不费时，也不费力。坚持一段时间后，你会发现自己记住的东西越来越多。

记忆卡片玩法多

记忆卡片的形式多种多样，使用方式也十分灵活。我们可以用卡片来玩游戏，例如，制作一些成语卡片，和朋友分别抽取一张成语卡片，请对方说说成语的意思。这种活泼灵动的方式不仅能够激发学习的兴趣，还能互相检验学习的情况。

当然，卡片记忆法也不是完美的，那就是用卡片记忆的知识点比较零碎、混乱，没有整体性，所以必须经常整理使用过的卡片，保存在专门的位置，这样在复习某一个知识点时，才可以信手拈来。

要达到这个目的，可以把相关类别的知识点卡片都平贴在笔记本上，或者将这些卡片进行分类放置，经常翻看，使零碎的知识点变得有条理。

做卡片笔记也是学习良方

北宋时期有位著名诗人叫梅尧臣，与欧阳修并称为“欧梅”，他写诗又快又好，经常出口成章。人们发现他身上总是背着一个小布袋，还常在纸条上写点什么，就塞进布袋里。后来，他无意中遗落布袋，被人发现，原来里面都是一张张小纸条，上面写的都是他随时记下的诗句，这个布袋简直就是他的“材料库”。

你也可以借鉴这个方法，平时想到什么问题，就随时写在卡片上，放在衣兜里。等到回家后，或到教室后，再翻书查询，把问题弄明白，这样做对提高学习成绩非常有好处。

游戏时刻

制作我的记忆卡片

需要物品

一把剪刀

一沓白纸

一支笔

游戏过程

首先，用剪刀把白纸剪成大小一致的卡片，大小与公交卡或银行卡一样。

然后，用笔在每张卡片上写下最近所学的知识，尤其是难以背诵的内容，比如英语单词、古诗、数学定理等。

游戏意义

对需要记忆的知识进行提炼、整合，并掌握记忆卡片的制作方法。

重复、重复、再重复

重复是最好的记忆方法

作为学生，你肯定希望自己拥有超强的记忆能力，最好能过目不忘，这样就可以轻松地学习，还能取得好成绩。其实，过目不忘就是将学习到的知识形成长期记忆。就像已经被你认识的人一样，不需要去回忆，只要看到就能认出来。

可是，每个人的大脑都是善于遗忘的，这是无法改变的生理现象，男女老少，没有例外。那些记忆力超强的人，也是通过不断重复，让大脑形成长期记忆而已。

德国哲学家狄慈根说：“重复和复习是记忆之母。”

一个新接触的知识点，只要多次重复学习，就可以把瞬间记忆变成短期记忆，继而再变成长期记忆。

事实上，重复次数与记忆时长是成正比的。重复的次数越多，记忆的时间就会越长。

就像你平常要坐的公交车一样，坐的次数多了，自然而然就记住了该坐哪趟车，该在哪站下车。

明末清初的著名思想家、学者顾炎武，可以背诵14.7万字的“十三经”。他的记忆能力如此惊世骇俗，很大程度上也是取决于复习方法：每年拿出三个月的时间复习读过的书，其余时间用来读新书。

艾宾浩斯遗忘曲线

德国心理学家艾宾浩斯经过研究发现，人类大脑对新事物的遗忘是有规律的，并绘制出艾宾浩斯遗忘曲线。

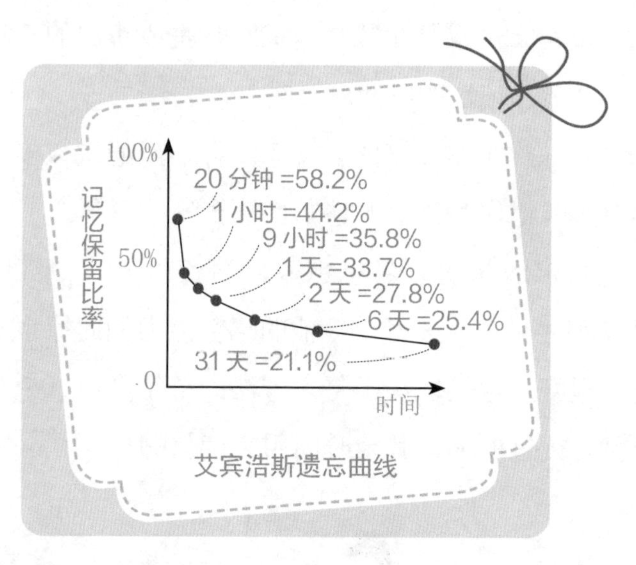

艾宾浩斯遗忘曲线

从图中，你可以看到它的纵坐标是记忆保留比率，横坐标是时间轴，被人记忆的某个知识点，随着时间推移会逐渐被遗忘。

一天之内遗忘的速度是最快的，仅仅 20 分钟，就只剩 58% 左右；一个小时之后，这个知识点在脑海中的记忆只剩下大约 44%；一天之后，只剩下大约 33%；一个月之后，仅剩大约 21%。所以，如果在记住某个知识点后，不及时进行复习的话，一个月后就几乎忘光了。

艾宾浩斯遗忘曲线复习计划表

既然发现了记忆遗忘的规律，人们便开始想办法解决这个问题，研究出了一张根据遗忘规律复习的表格——艾宾浩斯遗忘曲线复习计划表。

项目：________________

序号	学习日期	学习内容	短期记忆复习周期			长期记忆复习周期（复习后打钩）							
			5分钟	30分钟	12小时	1天	2天	4天	7天	15天	1个月	3个月	6个月
1	月 日		1	1	1	—	—	—	—	—	—	—	—
2	月 日		2	2	2	1	—	—	—	—	—	—	—
3	月 日		3	3	3	2	1	—	—	—	—	—	—
4	月 日		4	4	4	3	2	—	—	—	—	—	—
5	月 日		5	5	5	4	3	1	—	—	—	—	—
6	月 日		6	6	6	5	4	2	—	—	—	—	—
7	月 日		7	7	7	6	5	3	—	—	—	—	—
8	月 日		8	8	8	7	6	4	1	—	—	—	—
9	月 日		9	9	9	8	7	5	2	—	—	—	—
10	月 日		10	10	10	9	8	6	3	—	—	—	—
11	月 日		11	11	11	10	9	7	4	—	—	—	—
12	月 日		12	12	12	11	10	8	5	—	—	—	—
13	月 日		13	13	13	12	11	9	6	—	—	—	—
14	月 日		14	14	14	13	12	10	7	—	—	—	—
15	月 日		15	15	15	14	13	11	8	1	—	—	—

这个计划表是这样使用的：在序号 1 那里填上学习的日期，然后在学习内容那里填上所学内容，随后根据后边复习中的序号来进行复习。

比如今天学习了一个知识点，把时间和内容都填上后，要在 5 分钟、30 分钟、12 小时复习一遍。

第二天，学习了新内容后，除了在 5 分钟、30 分钟、12 小时复习新学到的知识点外，还要复习第一天的内容。

第三天，学习了新内容后，除了在 5 分钟、30 分钟、12 小时复习新学到的知识点外，还要复习第二天和第一天的内容。

接下来的日子，都是类似的复习法。

这看起来确实是一个好方法，第一天还好，第二天、第三天你还能坚持，但是越往后，你的任务量就会越来越重。

如果你的意志力比较强，完全按照这个复习计划表来做，必然可以取得重大成功。不过，很多人是做不到的。

记忆小技巧

在记忆的时候，首先应该掌握复杂知识的中心点。掌握之后，从中心向外延伸拓展，知识就会形成一个完整的体系。这样一来，不但记忆思路清晰，而且省时省力，事半功倍，在复习回忆的时候，也有规律可循。

找到适合自己的重复记忆方法

没有任何一种学习方法是一成不变的，艾宾浩斯遗忘曲线复习计划表也是如此。

你可以根据自己的实际情况对复习计划表进行调整，比如有的内容记忆比较深刻，只需要当天睡觉前复习一次即可。

对于普通人来说，每天可以拿出三个时段用于复习：早上用 15 分钟时间复习前一天学习的内容；午休或者午饭后、上课前，用 15 分钟时间复习上午学习的内容；晚上吃完晚饭后，用稍长一点的时间，复习当天所学的所有内容。

如果你坚持一段时间，就会发现对老师所讲的重点、难点，记忆力明显提高，学习成绩也会直线上升。

借助图像的力量

图像记忆法

美国图学论者哈拉里曾经说过：“千言万语不及一张图。”

人的大脑可以分为左脑和右脑，左脑常被称为“语言脑”，用语言来运转；而右脑则被称为“图像脑”，具有把所见所闻用图像记忆下来，并用图像把信息原样重现出来的能力。所以，如果你能把枯燥的知识转化为活生生的、立体的、形象鲜明的图像，记忆起来肯定会容易得多。

图像转化

日常所见的很多文字、数字、英文单词等，都可以转化为形象具体的图像。

比如，在记忆“酒家”这个词时，我们就可以发挥一下想象力，在脑海中出现一座木质小屋，门前挂着一面旗子，上面写着“酒”字。这种生动具体的图像一旦生成，就很难忘记。

又比如东汉建立于公元 25 年，要记住这个数字，就可以把“25”谐音为“二胡”。下次想到东汉时，你就会突然想起二胡这种乐器，那么对“公元 25 年”自然记忆深刻。

图像联结

当你要记忆的内容比较多时，就要把原本相互独立的各个图像，运用想象让它们互动、联结在一起。

比如，要记住“蜜蜂”和“狗”这两个词，可以把它们联系起来记忆。你可以想象一只蜜蜂正在蜇一条狗，或者想象有一条狗正在花丛中追逐一只蜜蜂，等等。通过这样的想象，蜜蜂和狗这两个图像就联结到一起了，而且很有画面感。你只要想到狗，就会想起蜜蜂，或者想到蜜蜂时，也能想到狗。

如果要记忆的内容非常多，一个场景可能都不足以把它们联结到一起，那就可以把它们串起来，编一个连续的画面。

比如，要记住下面这 20 个词语：

花园、兔子、太阳、小草、羽毛、贝壳、台灯、蚂蚱、桌子、母鸡、鸡蛋、房子、白云、大树、椅子、狐狸、窗户、蝴蝶、抹布、墙壁。

如果你用死记硬背的方法，一遍一遍地读这些词语，应该也可以记下来，但却需要花费很多时间，而且记忆的过程十分枯燥。

如果用这些词语编出一个小故事：一座房子的花园里，有一只兔子在被白云遮挡的太阳下吃小草，草上有一只蚂蚱，正在打量一只蝴蝶。有一只母鸡在墙壁下的抹布上下了一个鸡蛋，被窗户外的狐狸看到了。狐狸跳进窗户，踩到桌子上，撞倒了台灯，又跳到椅子上，再跳下地，准备去偷鸡蛋，结果被母鸡发现，双方打了起来，最后狐狸叼着一根羽毛逃到大树下，却被贝壳夹住了脚。

当你记住这个有趣的故事时，这些词就被联结在一起，并深刻地烙印在了你的脑海里。

插上想象的翅膀

不要扼杀想象力

“妈妈，我想到月亮上去。”

“爸爸，我想把太阳摘下来。”

……

你曾经和爸爸、妈妈说过类似的话吗？也许他们听到这种异想天开的话，会急于纠正，告诉你这种想法是错误的，月球上根本就没有空气，人类无法生存；太阳是个火热的、巨大的球体，里面能装下 130 万个地球……

他们说得都对，但是你却不能因此限制自己的想象力，因为它会影响你长大以后的创造力。

如果……

想要充分发挥想象力，在生活中，不管遇到什么事情，都可以假设一下："如果"这样，会发生什么事？

比如，见到飞机在天上飞，就可以假设：如果它飞到宇宙中去，会发生什么事？

或者看到汽车在路上飞快行驶，可以假设：如果它能到海底行驶，会发生什么事？

当你有了一个假设，就可以顺着这个思路继续思考下去。在思考过程中，不要局限于科学不科学，只要大胆地发散你的思维，就可以激发出无限的想象力。

在想象中入睡

每天晚上，你躺在床上时会立刻入睡吗？想必你也有一段翻来覆去酝酿睡意的时间吧？其实，充分利用这段时间，也可以提高自己的想象力。

你可以将全身放松，闭上眼睛，深呼吸一下，想象自己的身体变得很轻盈，从床上飘起来，从窗户飞出去，一直往高空飞去。然后，你就像鸟儿一样在天空翱翔，看到地下的楼房、汽车、路灯……然后，你还可以想象会发生什么事，比如，你坐到一只飞鸟的背上，或者是坐到飞机的机翼上，等等。在这样有趣的想象中，你就会慢慢进入梦乡。

学习编故事

平常你看过不少故事书吧？那些离奇有趣的故事，都是作者创作出来的。如果你愿意，也可以利用自己天马行空的想象力，编一些有趣的故事。

编故事不需要做什么准备，只要你有空闲时间，就可以在任何地方来一场“思想盛宴”。比如，排队等公交车时，或是坐在餐桌旁等待妈妈上菜时，都可以编一个简单奇妙的故事。

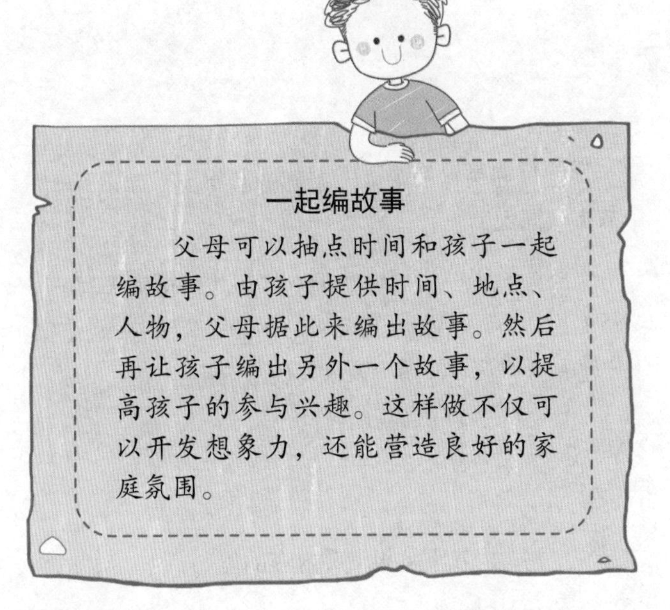

儿童时代是充满幻想的时代，也是培养一个人想象能力最重要的时期。所以，尽情放飞你的想象力吧！

游戏时刻

编故事比赛

需要物品

一本故事书

两张白纸

两支笔

游戏过程

找一位同学，两个人一起翻开故事书，随便找一个故事一同阅读。

阅读完这个故事后，两个人分别在白纸上续写一个故事。

最后，请家长对两个人续写的故事进行点评。

游戏意义

培养阅读故事并提取主要内容的能力，充分展开想象，提高写作能力。

突破思维困境

发散思维运用

“横看成岭侧成峰，远近高低各不同。不识庐山真面目，只缘身在此山中。”北宋苏轼的这首《题西林壁》，用通俗的语言讲明了一个道理：游人所处的位置不同，看到的景物也不一样。

在学习和生活中也是一样，同样的一件事，总会有多种解决办法。只要你发散思维，换个角度看问题，可能就会豁然开朗。

发散思维对孩子的学习和成长都有重要作用，但是，这种能力并不是与生俱来的。父母应该在孩子具有一定的常规思维能力后，再去培养孩子的发散思维能力。

比如下面这个题目：

有个骗子到李老板店里买了一件礼物。礼物成本18元，标价21元。

骗子付了100元。

李老板没有零钱，便用那100元向街坊换了100元零钱。

随后，李老板找给骗子79元。

后来，街坊发现那100元是假钞，李老板只好又给了街坊100元。

那么李老板亏了多少钱？

如果你一味从李老板这里去算账，可能会被绕晕，但是如果你从其他两人身上去思考，情况就变得简单了。

你可以这样思考：

街坊亏了吗？

街坊虽然刚开始拿到了假钱，但后来李老板又给了他 100 元，所以他没有亏，也没有赚。

骗子呢？

骗子从李老板那里拿走了 79 元现金和一个成本为 18 元的礼物，所以骗子一共赚了 97 元。

这个故事中一共只有三个人，街坊没有亏也没有赚，而骗子赚了 97 元，所以李老板亏的就是 97 元。

只是换了一个角度，问题是不是就变得简单了？

逆向思维运用

有时候，你遇到一些难以解决的问题，还可以尝试从相反的角度来思考问题，也就是逆向思维。

古代有个故事，说一位老母亲有两个儿子，大儿子开染布作坊，小儿子制作雨伞。这位老母亲每天都愁眉苦脸，下雨天怕大儿子染的布晒不干，晴天又怕小儿子做的伞卖不掉。有位邻居开导她说："你应该这样想，下雨天小儿子的伞卖得多，晴天大儿子染的布很快能晒干。"老母亲尝试了这个办法，从此以后每天都眉开眼笑。

又比如司马光砸缸救人的故事，也是逆向思维的典型例子。有人落水，常规的思维是“把人从水里救出来”，可司马光在这危急关头，却运用了逆向思维，果断地用石头把缸砸破，“让水离开人的身体”，从而救了小伙伴的命。

多运用逆向思维会让你的脑子更灵活，从而在别人没有注意到的地方有所发现，也就有可能在多种解决问题的方法中，找到最佳方法和途径。

类比思维运用

“你的同学跟你在同一个班，人家怎么能考 100 分？你怎么才考 80 分？”

你的爸爸、妈妈有没有跟你说过类似的话？事实上，很多父母都喜欢这样比较，这就是类比思维。

美国心理学之父威廉·詹姆斯曾说：“类比能力是评判才能的最佳指标。”

虽然爸爸、妈妈的想法并不对，但类比思维却是一种非常重要的思维方式。如果善于运用类比思维，就能让你抓住事物间本质的相似之处，从而解决复杂问题。

爸爸、妈妈拿你和别的孩子类比，这属于横向类比。在学习中，你其实也经常使用，比如当你知道 1 千克 =1000 克以后，就可以类比推出 1 千米 =1000 米。

除了横向类比，还有纵向类比。

比如，把不同历史阶段的人物、事件或现象进行比较，也可以找到一些基本规律。

你已经学习了很多古诗词了吧？这些古诗词的作者生活在不同的年代，在诗词上都有独特的造诣，将他们放在一起对比，就很容易发现他们各自的性格特点、诗词风格等，也能更加深入地了解他们，对于提高学习能力也很有好处。

另外，还有一种对立类比，也就是把两个或多个在一系列属性上相对立的对象进行比较。

有个作家的作品被一个厨师批评了。作家说：“你没有从事过写作，因此你无权对我的作品提出批评。”可是厨师却反驳道：“我这辈子也没有下过一个鸡蛋，但是我能用鸡蛋做出美味的菜肴，母鸡能吗？”

这里，厨师就运用了对立类比思维，虽然是一样的逻辑，却推论出了不一样的结果，从而让作家哑口无言。

深度思考让你脱颖而出

会学习的人不只是会背书

每次考试前，你是不是觉得自己已经把知识点都背下来了，考试应该没问题。可是试卷一发下来，你发现好多题还是不会做。

其实，会背书只是学习好的一个前提，但想要提高学习能力，还需要经常进行深度思考。

爱因斯坦曾说："学习知识要善于思考、思考、再思考，我就是靠这个学习方法成为科学家的。"

知识的学习重在理解，如果不能深刻理解知识，也就无法彻底掌握知识。这对于今后的学习来说，是巨大的隐患。

我们对知识的理解，不能浅尝辄止，而是要深入钻研，力求把每一个知识点研究透彻，达到烂熟于心的地步。想要达成这个目标，只有通过思考才能实现，所以在学习中，遇到任何问题都要力求独立思考，寻找答案。

多问“为什么”

所谓“勤学好问”，要想学习好，不仅需要勤学，还需要好问，这是一把打开知识大门的钥匙。

学习的过程，其实就是在寻找一个个问题的答案，探求解决问题的新见解、新方法。

在学习之中，多问“为什么”，然后找到这个问题的答案，你就能得到新知识。学习结束后，还要追问自己：“还有没有别的办法？”“我的学习目的达到没有？”这样自我质疑，可以让自己对知识的理解更加透彻。

日常生活中有很多司空见惯的情况，都没有被人发现。比如一个成熟的苹果由树上落到地上，大家都习以为常，只有牛顿发出了疑问，并进行了深入思考，最后发现了震撼科学界的万有引力定律。

又比如，看到水壶烧开水的时候，水蒸气将壶盖冲开，人们都习以为常，可瓦特却提出了疑问，结果成功发明了蒸汽机。

敢于质疑

在学习过程中，你不仅仅要把这些知识吃透，装进大脑，同时还要敢于质疑，发表自己的独到见解。

质疑就是不迷信权威。

权威往往代表着一个领域的最高水平，但是随着时间的流逝和社会的发展，很多在过去进步的理论放在现在未必适合，而现在适合的理论，在将来也未必就不会变化。所以，我们一定要突破思维，敢于质疑。

著名天文学家哥白尼质疑当时占据统治地位的“地心说”观点，提出了“日心说”，更新了人类的宇宙学知识；科学家布鲁诺质疑宗教神学，大胆想象，提出了宇宙没有中心的理论，解放了人们的思想；生物学家达尔文质疑神创论，进行实地考察，科学研究，写成《物种起源》，创立了进化论，将宗教神学推下神坛。

他们都是因为敢于质疑，并进行深度思考，才取得了伟大的成就。

有必要的争论

在生活和学习中，你肯定经常和其他人发生一些观点上的冲突，一场争论不可避免。

争论并不是什么坏事。因为在争论中，你的思考能力会得到极大提高，你的逻辑也会变得异常清晰，毕竟你需要尽力说服对方认可自己的观点。

上课时，老师也会抛出有争议性的问题，让全班同学一起讨论，其目的也是让大家在这个过程中进行思考，从而更深刻地理解知识。这时候，你可要抓住机会，好好说服别人哟！

游戏时刻

我的“为什么”

需要物品

一支笔

一个小笔记本

游戏过程

把笔和小笔记本都装进自己的外衣兜里。

从早上起床开始，尽量对自己看到的有疑问的情况提出质疑。如果提出的质疑自己无法解答，就用笔记录在小笔记本上。

一天结束后，看自己记录了多少问题。

游戏意义

通过提问，发现生活中蕴藏着无数知识，知道提问对于促进学习的重要性。

发现周围人的闪光点

每个人都有自己的优点

我们每一个人，都是与众不同的个体，有自己的缺点，也有自己的优点。

在人生道路上，我们要充分发挥自己的优点，同时也要善于发现别人的优点，并积极学习，这样才能不断完善自己。

赞美的力量

当你在与别人交往时，如果适当地赞美对方，能很快增进双方的感情。因为“爱人者，人恒爱之；敬人者，人恒敬之”。当然，这种赞美必须是实事求是的，而不是虚伪的，否则会适得其反。

莎士比亚曾说：“赞美是照在人心灵上的阳光。没有阳光，我们就不能生长。”

确实，赞美具有不可思议的力量。当别人赞美你时，你的内心会感到甜蜜，就像在茫茫的荒漠中喝下了一碗甘泉。同时，你也会在受到赞美以后，在这些方面全力以赴，争取做得更好。

虚心学习别人的长处

古时候，中山国是从北方迁移到中原的北方民族，被称为胡人。赵武灵王想要攻打中山国，但又惧怕中山国的骑射，于是就研究胡人骑射为什么这么厉害。最后，他发现胡人的衣服短小贴身，不像汉人服装那么宽大，因此便于骑马打仗。

随后，赵武灵王下令：全体赵国人脱掉宽袍大袖的传统服装，改穿胡服；废弃军中笨重的车辆，改为骑马。

于是，赵国士兵穿上胡服，学习骑射，实力大增。最后，赵国一举打败中山国，占领胡地。

两千多年前，赵武灵王能虚心向胡人学习先进的骑射。如今，我们在生活和学习中也要以谦虚的心态去面对身边的每一位同学，积极向同学请教。

如果你好好观察就会发现，每个同学都有自己的优点。他们有的勇敢顽强，有的热爱劳动，有的遵守纪律，有的热爱学习，有的擅长运动，有的乐于助人……

我们要养成学习他人优点的习惯，并从别人的优点中汲取能量，慢慢改变自己的不足之处，获得更多的学习经验、学习方法和丰富的知识。

所以说，学习别人优点的过程，其实是不断修正自身缺点和坏习惯的过程。如果你想让自己变得越来越优秀，那么学习其他同学的优点，博采众长，就是一条捷径。

游戏时刻

记录同学的优点

需要物品

一个笔记本

一支笔

游戏过程

首先选定一位品学兼优的同学作为观察对象，然后每天有意识地观察他的行为举止。凡是发现他做得好的地方，就用笔记录在笔记本上。

连续观察几天后，对同学的优点进行总结，找到值得自己学习的方面。

游戏意义

培养发现别人优点的能力，并从别人身上学习对自己有益的东西。

边阅读，边思考

书籍是全世界的营养品

书籍是人类进步的阶梯，是人获取知识的重要手段和最好途径。善于读书学习，就能从书中获取所需知识。

如果只是掌握课本上的知识，知识结构难免单一。如果在课外阅读其他图书，将有助于开阔视野、培养广泛的兴趣爱好、学会为人处世等，而且可以增长见识，做到足不出户就能了解天下大事，不出国门就可以熟悉世界各国的历史文化、风土人情。

带着问题去阅读

打开一本书，你可以根据书名、目录、前言、后记和各章节标题，提出一些有价值的问题，然后带着问题去读书、去探索。

带着问题读书有两个好处：一是不浪费时间；二是可以在读书的过程中集中注意力，去寻找答案，而不容易被书中的旁枝末节干扰。

读书时，目标和方向越明确，注意力就会越集中，排除干扰的能力也就越强。这样读书，才能达到目标，注意力也能得到强化和锻炼。

在阅读中想象

在阅读的过程中应该充分发挥想象力，这样才能加深理解和感受，从而取得良好效果。

应该怎样运用想象力呢？你可以这样做：

一边阅读，一边调动大脑里已有的记忆，来想象作者描绘的人物、景物、情节、场面等。比如，读一篇描写冬天的文章时，就要调动自己在冬天时的视觉、听觉、嗅觉、触觉等多种体验，想象作品中描绘的冬天的场景，使文中的景象在头脑中变成一幅鲜活的画面，这样就可以更加深入地理解作者对大自然、对生活的热爱。如果你体验一次，就会发现在充分想象时，自己变成了一个导演，掌控着整个画面。

在阅读后试着总结

读书的目的是学习书中的渊博知识，提高自己对世界的认识，丰富自己的内心世界。如果只是浅浅地读一读书中的文字，不去思考总结，不理解作者的写作意图，那么阅读便没有任何价值。

读完一本书后，你可以尝试写一篇读书笔记，这有利于你更加深入地理解书中的内容。

在读书笔记中，你要清楚地记录下这本书的书名、作者、主要内容、精彩语句以及自己看书时遇到的问题等，这样不但可以牢记知识，锻炼阅读能力，还能激发探索欲。

高效阅读的力量

阅读要注重效率

你想不想在同样的时间内掌握更多的知识？这就需要提高阅读的效率。

阅读不同的书籍，我们要使用不同的阅读方法。有的书籍需要大致浏览，而有的书籍就需要慢慢精读，甚至反复阅读。那么，我们应该怎样选择合适的阅读方法呢？这就需要我们根据书籍的难易程度、重要性等进行衡量，只要选对适合的阅读方法，阅读效率自然能够得到提升。

读书要动笔

想要提高阅读的效率，就不能仅仅手捧着书大声读这么简单。好的阅读习惯，还需要有一支笔相伴。

如果你一边看书，一边把文中比较有深意、对自己有价值的句子勾画下来，就能加深印象。而且，以后重新翻看这本书时，一眼就能找到重点内容。

当你与文章所表达的内容产生共鸣时，可以在旁边写下自己的感想和体会，这样不仅可以丰富自己的精神世界，还能提高对生活的认知度。当知识积累到一定的程度，我们会以更加理性的态度去处理生活中遇到的事情，这对我们来说大有裨益。

一次只做一件事

为了节约时间，有人喜欢同时处理几个任务，比如一边吃早餐，一边听新闻。这看起来是提高工作效率的好办法，但适用范围其实很有限。

要想实现真正的高效，尤其是在阅读方面，必须要专注。你需要把所有心思都放在书上，排除一切干扰，就像古人所说的“两耳不闻窗外事，一心只读圣贤书”。

有意识地训练阅读速度

你平常读书时是怎么读的呢？是不是一个字一个字地读，并且心里还会不自觉地默念，然后把一本书认认真真地从头读到尾？如果是这样的话，那就说明你需要有意识地训练阅读速度了。

逐字阅读是速度最慢的阅读方式，会让人过分纠结于细节，从而影响对整本书的理解。

为了提高阅读速度，你可以每天专门安排 30 分钟，进行高效阅读训练：改掉逐字逐句阅读的习惯，学会在阅读时一眼看一个词语、成语，一眼看一个短句，或者一眼看一个长句，这样你的阅读速度就会慢慢提高。

有的书可以读两遍

读书并不是只读一遍，当你读到一本好书的时候，或者某本书没有读得太明白时，还可以反复阅读。第一遍阅读时难免有遗漏，有很多内容还没有深入思考；读第二遍时，可以带着问题读，把之前勾画过的内容，或者批注的地方再好好看一看。

也许有人认为这样阅读速度太慢，但是阅读的效率并不是只看数量，还要看质量。如果采用高效阅读方法，虽然一个月只读了两本书，但是收获却非常大，岂不是更好？